REVENDICATION

DE

L'ALSACE ET DE LA LORRAINE

PAR

Eug. MADARÉ, d'Amiens.

REVENDICATION

DE

L'ALSACE ET DE LA LORRAINE

PAR

Eug. MADARÉ, d'Amiens.

> La force prime le droit, a dit M. de Bismarck ;
> mais :
> Bien mal acquis ne profite jamais.

Prix : 25 centimes.

EN VENTE CHEZ TOUS LES LIBRAIRES.

1871

AUX BONS FRANÇAIS ET ÉTRANGERS

QUI VOUDRONT BIEN ME LIRE.

A nos Frères d'Alsace et de Lorraine.

Si peu habitué que l'on soit à la publicité, il y a de ces circonstances graves qui font un devoir civique de ne pas cacher, si modeste qu'on ait toujours vécu, les efforts que l'on fait pour rendre un service immense à son pays et à l'humanité.

Alors que la ville d'Amiens était en pleine occupation prussienne, qui n'a enfin cessé que fin juillet, après huit mois de séjour ruineux pour la ville et le département de la Somme, je n'ai pas hésité, dès le 9 juin 1871, à m'adresser à Monsieur le Prince de Bismarck pour revendiquer nos malheureuses provinces d'Alsace et de Lorraine dont il nous a si durement déshérités, je ménage l'expression, en lui conseillant intimement de prendre l'initiative généreuse d'en offrir la rétrocession à la France, en échange d'un traité d'alliance entre nos deux nations.

Sans me décourager de son silence prévu, je lui écrivis le 30 juin une nouvelle lettre qui eut le même sort que la première.

Ne consultant que mon patriotisme et mes sympathies profondes pour nos malheureux frères d'Alsace et de Loraine, j'entrepris, par lettre du 1er août, dans le même et honorable but, de m'adresser à Monsieur le baron de

Manteuffel, aide-de-camp de Sa Majesté Impériale le roi de Prusse, et général en chef de l'armée d'occupation en France, résidant à Compiègne.

Avec plus de convenance que le chancelier de l'Empire de Prusse, dès le lendemain 2 août, Monsieur de Manteuffel daigna me remercier de ma lettre, en m'assurant qu'il avait lu avec le plus vif intérêt mes lettres adressées au prince de Bismarck.

Les 9 et 20 août j'écrivis de nouveau à Monsieur de Manteuffel à Compiègne, et plus chaleureusement, pour presser cette grave question dont peut dépendre l'avenir de la France et de l'Allemagne.

Convaincu que cette correspondance ne sera pas sans intérêt pour beaucoup de personnes, je me fais un devoir de la publier, n'eût-elle d'autre mérite que de prouver à nos infortunés frères d'Alsace et de Lorraine que nos cœurs sont et seront toujours avec eux.

Je n'en réclame pas moins l'indulgence de mes obligeants lecteurs.

Amiens, le 10 septembre 1871.

Eug. MADARÉ.

Amiens, le 9 Juin 1871.

A SON EXCELLENCE

Monsieur le prince de Bismarck,

Chancelier de l'Empire de Prusse.

BERLIN.

Monsieur le Chancelier,

Français et vaincu par la puissante armée de votre Souverain, dont j'ai consciencieusement apprécié l'organisation, l'ordre et la discipline, je n'avais qu'à m'incliner et me taire devant le résultat fatal d'une guerre que les vrais et bons Français n'ont jamais eu même la pensée de déclarer à votre pays; vous êtes trop éclairé pour qu'il vous en reste le moindre doute.

Agé de 65 ans, et dans mon humble position d'agent-général de deux Compagnies d'Assurances contre l'incendie et sur la vie, je ne prends la liberté de vous soumettre mes réflexions personnelles que guidé par mes sentiments de haute délicatesse pour l'avenir de nos deux pays, l'Allemagne et la France.

Comme habitant d'Amiens, j'hésite d'autant moins à m'adresser à votre bienveillante attention, que vous ne devez pas ignorer que, depuis six mois que vos divers corps d'armée occupent la ville d'Amiens, ils y ont rencontré plus de sympathies que d'hostilité, tant est profond en France le blâme de la guerre déclarée à la Prusse.

Il n'entre pas dans mes principes d'insulter le vaincu de Sedan, mais je dois être d'autant plus sévère, et juste conséquemment, contre notre ex-empereur Napoléon III, que toujours, même pour son plébiciste, j'ai voté pour lui, ne pouvant croire qu'il se compromettrait et nous compromettrait jamais, au point de déclarer une guerre aussi ridicule et aussi désastreuse pour la France !

Tant il est vrai de dire que, si puissant que l'on devienne, même comme Souverain, toutes les grandeurs ont un terme ici-bas !

Paris lui-même, Monsieur, dont vous avez connu toutes les splendeurs, n'en est-il pas aujourd'hui la preuve incendiaire et sanglante par tous les crimes qui s'y sont commis et qui révoltent l'humanité dans le monde entier ?

Vos armées en ont été les témoins ! . . . .
. . . .

Avec votre haute intelligence, Monsieur, et le concours de vos généraux, vous avez vaincu la France, vous avez porté bien haut la gloire de votre souverain, Sa Majesté Guillaume, roi de Prusse et empereur des Allemands.

Vous avez, Monsieur, une précieuse occasion pour la rehausser encore plus cette gloire, pour l'affermir plus que jamais aux yeux du monde entier, et assurer, dans l'histoire, à votre Souverain, la plus belle page à laquelle un monarque puisse aspirer, celle d'une haute magnanimité !

En signant la paix avec la France vous nous avez imposé une indemnité de guerre de CINQ MILLIARDS, et vous nous enlevez les deux provinces de l'Alsace et de la Lorraine.

Quoique vous fassiez pour ces pays, soyez-en certain, ils n'en resteront pas moins toujours sympathiques et dévoués à la France.

Et, malheureusement pour l'humanité ! dans un temps plus ou moins rapproché, ces deux provinces seront, entre nos deux pays, la cause d'une nouvelle guerre, d'autant plus horrible, que la France voudra se venger d'avoir été vaincue, prise tellement au dépourvu, que l'on pourrait presque dire qu'elle a été sacrifiée par son propre Souverain.

Vous n'ignorez pas, Monsieur que, sur les dures conditions de paix imposées à la France, et Napoléon III descendu du trône, toutes les puissances de l'Europe ont témoigné leurs plus vives sympathies à notre malheureux pays.

Et combien plus grandes encore vont se témoigner ces sympathies, déjà si nombreuses, à la nouvelle de cet immense désastre qui vient de s'appesantir sur Paris !

Elles seront d'autant mieux motivées, que, cette fois, ce n'est pas seulement pour notre cause personnelle que nous venons de lutter contre les plus exécrables fureurs.

« Avant de s'étendre dans toute l'Europe, c'est en France,
« à Paris que s'étaient donné rendez-vous les bandits de
« tous les pays, à l'instigation de rêveurs aussi impito-
« yables qu'insensés d'une révolution sociale, d'une Répu-
« blique universelle, méditée par cette formidable asso-
« ciation nommée l'Internationale, qui n'aspire qu'à une
« guerre dont le but n'est autre que le bouleversement
« du monde civilisé, que l'audacieuse négation de tous les
« droits légitimes, de toutes les positions acquises par
« l'hérédité, par l'industrie, par le travail.

« Mais, grâce à notre honorable chef du Pouvoir exécutif,
« M. Thiers, dont la haute intelligence, la merveilleuse
« activité, avec le puissant et énergique concours de notre
« brave maréchal Mac-Mahon, ont su, des tronçons de quel-
« ques régiments, s'élevant à peine à 10,000 hommes le 18
« mars, former le noyau d'une armée nombreuse, solide,

« bien disciplinée, bien commandée, et dont les revers,
« bien plus que sa bravoure, qui n'a jamais été mise en
« doute, appelaient une réhabilitation dont la réalité brille
« maintenant du plus vif éclat, l'organisation et la victoire
« se sont presque donné la main par la rapidité de l'exé-
« cution. »

Le 28 mai, nos braves soldats avaient écrasé cette horde de sauvages, cette écume du monde entier qui avait conspiré, et qui a honteusement réalisé le vol, le pillage, la destruction, l'assassinat, l'incendie le plus horrible !

Notre armée de l'ordre devrait porter pour devise à son drapeau :

Veni, Vidi, Vici,

tant était grande et périlleuse la tâche qu'elle a eu à accomplir !

Ces barbares cosmopolites, en attaquant ainsi la France, l'ont considérée comme l'avant-garde et tout à la fois le sanctuaire de la civilisation du monde entier ; et si nos armes courageuses ne les avaient anéantis, c'est dans le monde entier qu'ils auraient, à vol d'aigle, étendu la dévastation.

A ce titre, ne prouvons-nous pas, Monsieur, le degré de puissance que peut reprendre la France régénérée en peu d'années, avec son active intelligence ?

A ce titre, la France n'a-t-elle pas bien mérité les sympathies et la reconnaissance de l'Europe entière ?

A ce titre, enfin, ne sommes-nous pas bien dignes de vous tendre une main amie, Monsieur le Chancelier, et de vous offrir une paix plus durable et plus honorable que celle signée entre nos deux pays ?

Comme diplomate, vous avez acquis la plus haute réputation, et vous avez porté à son apogée la gloire de **votre Souverain**.

Ne serait-ce pas aujourd'hui un acte de haute politique de votre part, de saisir, avec empressement, l'occasion heureuse d'affermir sa puissance par l'initiative d'une haute générosité, qui, dans le présent et l'avenir, vous assurerait la franche et puissante alliance de la France ?

La possession de l'Alsace et de la Lorraine par la Prusse ne peut que lui susciter des embarras, entretenir et prolonger une préoccupation, je n'ose dire une haine inutile entre deux peuples voisins qui, par leur éducation élevée et leur intelligence, devraient et pourraient être deux peuples amis et dévoués l'un à l'autre, au lieu d'avoir constamment en perspective une guerre imminente et acharnée.

N'y a-t-il donc pas eu, mon Dieu! assez de sang généreux versé de part et d'autre?

Il faut un terme à ces guerres meurtrières qui révoltent l'humanité.

Après le cataclysme incendiaire et sanguinaire qui vient de terrifier Paris et l'Europe, et dont la France a eu la force d'arrêter et de venger les ravages, vous pouvez avoir une ligne droite et glorieuse à suivre.

Prenant l'initiative honorable d'une profonde sympathie devant un pareil désastre, n'hésitez pas, Monsieur le Chancelier, à offrir à la France, digne d'un pareil bienfait, la restitution de l'Alsace et de la Lorraine, et l'acceptation d'un traité d'alliance sérieux et durable entre nos deux pays.

Ce ne sera pas la page la moins glorieuse de l'histoire de votre puissant Souverain, et de votre carrière diplomatique.

Et les populations nombreuses de nos deux royaumes béniront votre mémoire, autant que l'Europe acclamera à votre sage et généreuse politique !

Je ne suis pas un diplomate, Monsieur, ni un apôtre du sentimentalisme; ce n'est pas seulement par esprit de patriotisme français que je me permets de vous soumettre mes impressions personnelles sur notre situation réciproque.

C'est dans l'intérêt positif et sérieux des peuples honorables de l'Allemagne et de la France que je m'inspire de ces bonnes pensées de paix durable.

Je ne suis, dans ma modeste position, qu'un homme honorable et estimé, mais assez répandu par mes relations pour être bien accueilli partout, même en haut lieu, si vous jugiez opportun d'utiliser, comme Français, mon entremise à ce grand acte de conciliation et d'union dont je serais honoré.

Notre ex-empereur nous a occasionné une dette considérable d'indemnité de guerre; la France aura le patriotisme de s'en acquitter promptement, surtout si vous l'honorez de cet acte de haute générosité.

Enfin toutes les puissances de l'Europe, à cette heure, ne doivent plus avoir qu'une pensée, celle de s'unir pour l'anéantissement de l'Association Internationale qui menace toutes les nations civilisées.

Espérant, en tout état d'appréciation, l'honneur d'une réponse bienveillante,

Veuillez agréer, Monsieur le Chancelier, l'assurance de la haute considération de votre serviteur très respectueux,

Eug. MADARÉ,

Agent-général d'Assurances, 18, *rue des Trois-Cailloux*,

Amiens (Somme).

Amiens, le 9 Juin 1871.

A Monsieur Thiers,

Chef du Pouvoir exécutif.

VERSAILLES.

MONSIEUR,

Dans un temps d'aussi grandes calamités pour notre malheureux pays, il n'est pas un bon Français qui ne doive, chacun dans sa sphère, et sans distinction d'âge, coopérer à l'œuvre patriotique de la délivrance de notre chère patrie.

Votre immense dévoûment, à votre âge, Monsieur Thiers, est et restera, pendant des siècles, l'orgueil et la gloire de la France.

Dans ce but honorable, malgré mon humble position, ne consultant que mon patriotisme et l'opportunité, j'ai pris la confiance d'adresser une lettre motivée à M. le prince de Bismarck.

Je croirais manquer aux convenances et à la délicatesse envers vous, Monsieur, si je ne vous en adressais la copie.

Trop heureux et honoré, si vous daignez m'en faire connaître votre appréciation.

Veuillez agréer, Monsieur, l'assurance de la haute considération de votre tout dévoué et très respectueux serviteur,

Eug. MADARÉ,

Agent-général d'assurances, 18, rue des Trois-Cailloux.

Amiens, le 30 Juin 1871.

A SON EXCELLENCE

Monsieur le prince de Bismarck,

Chancelier de l'Empire de Prusse.

BERLIN.

Monsieur le Chancelier,

Privé de l'honneur d'une réponse bienveillante de votre part, en tout état d'appréciation, à ma lettre du 9 juin courant, je prends la liberté et la confiance de vous la confirmer.

Vous me rendrez cette justice, Monsieur, que, dès cette époque, j'avais le pressentiment bien fondé de ce que les événements ont démontré.

Toutes les puissances civiliséesde l'Europe se préoccupent gravement des tendances révolutionnaires et socialistes de l'Association internationale.

La France a pu être surprise, elle n'est pas vaincue; son patriotisme n'a pas dégénéré; sa fortune, son crédit sont immenses.

La réalisation de son emprunt, au chiffre pyramidal qu'il a atteint, en quelques heures, de ses nombreux souscripteurs, est un fait positif, significatif.

La France, dans son élan patriotique vers l'emprunt,

prouve ce qu'elle possède de générosité, de dévoûment quant à l'avenir de notre nation.

Les souscriptions étrangères font éclater, Monsieur, la confiance dont nous sommes honorés, même après nos désastres, et les sympathies nombreuses qui nous sont acquises dans l'Europe entière.

Il est encore temps de saisir l'opportunité de l'initiative de haute générosité que je me suis permis de vous conseiller par ma missive du 9 juin ; n'hésitez pas, Monsieur, et assurez-vous la puissante alliance de la France.

N'osant plus espérer l'honneur de votre bienveillante réponse,

Veuillez agréer, Monsieur le Chancelier, l'assurance de la haute considération de votre très respectueux serviteur,

Eug. Madaré,
Agent-général d'Assurances, 18, rue des Trois-Cailloux,

Amiens (Somme).

Amiens, le 1er Août 1871.

A Monsieur le baron de Manteuffel,

Aide-de-Camp de Sa Majesté Impériale le Roi de Prusse.

COMPIÈGNE.

Monsieur le général en chef,

Ayant sincèrement apprécié les éminentes qualités de Son Excellence Monsieur le prince de Bismarck, je croyais, avec confiance, pouvoir au moins espérer la simple politesse d'une réponse, ne fût-ce que pour m'accuser réception des deux lettres que j'ai eu l'honneur de lui adresser à Berlin les 9 et 30 juin dernier.

Voulant bien cependant excuser son silence par la pensée que ces deux lettres ont pu ne pas lui être communiquées, et ne consultant que le noble sentiment qui me les a dictées, je les ai fait imprimer pour vous en adresser la copie, en vous priant instamment de la faire parvenir à Monsieur le Chancelier de l'Empire de Prusse.

Veuillez en agréer mes remercîments, et recevoir, Monsieur le Général en chef, l'assurance de la haute considétion de votre très respectueux serviteur,

Eug. MADARÉ,

Agent-général d'Assurances, 18, rue des Trois-Cailloux.

Palais de Compiègne, le 2 Août 1871.

A Monsieur Eugène Madaré.

AMIENS.

Monsieur,

Monsieur le Général en chef, baron de Manteuffel, m'a chargé de vous remercier de la lettre que vous avez bien voulu lui adresser hier.

Quant aux copies de vos lettres adressées au Chancelier de l'Empire, Monsieur le Général les a lues avec le plus vif intérêt, mais il n'a pas jugé à propos de les envoyer au prince de Bismarck, parce que celui-ci, ayant sans doute reçu vos premières lettres, n'a pas encore eu le temps de vous répondre.

Bon de PUTTKAMEN,
*Aide-de-camp du Général en chef
de l'armée d'occupation.*

Amiens, le 9 Août 1871.

A Monsieur le baron de Manteuffel,

Aide-de-Camp de Sa Majesté Impériale le Roi de Prusse.

COMPIÉGNE.

Monsieur le Général en chef,

J'ai l'honneur de vous accuser réception de la lettre que vous avez daigné me faire adresser le 2 août courant en réponse à la mienne de la veille ; je vous en remercie sincèrement.

Je prends la liberté, Monsieur, de vous adresser trois autres exemplaires de mes lettres à M. le prince de Bismarck, prévoyant qu'il pourrait vous être agréable d'en faire usage en plus haut lieu, comme aide-de-camp de votre Souverain.

Avec l'expérience de mon âge, 65 ans, j'ai suivi froidement et avec impartialité toutes les phases de la douloureuse guerre que notre ex-empereur nous a si inconsidérément suscitée, malgré nous, avec votre pays.

Napoléon III avait de graves fautes à réparer, à faire oublier ; il a pensé étourdir la France dans les hasards et les préoccupations d'une grande guerre avec la Prusse.

Les événements ont répondu, en votre faveur, à cet acte inqualifiable de sa part.

La France, trompée indignement par ses premiers Ministres de l'époque et par les courtisans complaisants de l'Empereur, paie trop chèrement leur *œuvre de démence*.

La paix étant le plus grand bonheur de tous les peuples, je ressens à cette pensée de paix un besoin immense de dévouement à mon pays, comme une pensée surnaturelle de prédestination qui me pousse à *l'œuvre plus honorable* de concourir, par mes nobles et généreuses instances, à préparer, assurer et cimenter une paix réciproquement utile et glorieuse entre nos deux pays, l'Allemagne et la France.

Le bienfait qui ennoblit le bienfaiteur n'est pas moins honorable pour celui qui en est reconnu digne.

L'Alsace et la Lorraine rendues à la France, Monsieur le Baron, en échange d'un traité d'alliance sérieux et positif entre nos deux nations, c'est la garantie réciproque d'une force formidable sur terre et sur mer qui en imposerait à l'Europe; c'est la garantie d'une paix générale; c'est la garantie de la sympathie, du bonheur, de la prospérité de nos deux nations.

Ce n'est pas seulement par esprit de patriotisme français que je m'inspire de ces sentiments pacifiques; je me fais également l'écho véridique de presque tous les soldats de vos armées.

Pendant les huit mois que vous avez occupé la ville d'Amiens, je n'ai cessé de m'entretenir avec vos militaires de tous grades, du plus haut au plus bas, et tous étaient unanimes à déplorer cette guerre si meurtrière, à regretter la persistance de l'enlèvement des deux provinces à la France; aucun ne m'a dissimulé sa profonde préoccupation de terribles représailles par la France, si l'Alsace et la Lorraine ne lui sont pas rendues.

Ce n'est pas sans le plus vif chagrin que je vois journellement dans toutes les parties de la France, autant que dans les pays encore occupés par vos troupes, se développer des actes de mutinerie regrettables contre vos nationaux; des surrexcitations dans toutes les classes de la société contre l'Allemagne; un entraînement de haine profonde contre la Prusse, qui ne peuvent, avec le temps, qu'engendrer une guerre d'extermination entre nos deux nations.

L'humanité nous impose à tous le devoir impérieux de conjurer cet immense malheur pour deux peuples civilisés et voisins, en arrêtant, à son origine, cette fièvre de haine qui ne pourrait que s'accroître en se prolongeant dans l'avenir, et faire éclater une nouvelle guerre encore plus meurtrière; car, cette fois, ce serait la France entière qui s'armerait pour revendiquer l'Alsace et la Lorraine, qui sont loin de vous être sympathiques, et pour venger son honneur si indignement compromis par son ex-empereur.

Efforçons-nous plutôt d'assurer une paix honorable entre nos deux nations pour leur garantir toute la prospérité dont elles sont dignes.

La France paiera sa dette, Monsieur de Bismarck ne peut plus en douter; c'est payer assez cher les désastres occasionnés par son Gouvernement.

Pourquoi susciter contre votre pays, par un autre fait offensant pour la France, l'antipathie et la haine implacable d'un peuple généreux dont votre auguste Souverain pourrait, par l'initiative d'une haute magnanimité, s'assurer la puissante alliance?

En m'inspirant de cette ouverture à votre Chancelier par ma lettre du 9 juin, je me croyais d'autant plus fondé à en espérer un résultat favorable, que toutes vos troupes ne cachant pas leur blâme sur un haut personnage, ne tarissaient pas on éloges sur la bonté de leur Souverain.

Trop heureux si je peux concourir à la bonne et sérieuse union de nos deux nobles nations, je me mets entièrement à votre disposition.

Veuillez agréer, Monsieur le Général en chef, l'assurance de la haute considération de votre très respectueux serviteur,

Eug. MADARÉ,
Agent-général d'Assurances, 18, rue des Trois-Cailloux.

Amiens, le 20 Août 1871.

A Monsieur le baron de Manteuffel,

Aide-de-Camp de Sa Majesté Impériale le Roi de Prusse.

Compiègne.

Monsieur le Général en chef,

Bien informé des souvenirs de hautes convenances que vous avez laissés en cette ville, malgré la rigueur des ordres qui vous étaient imposés, je n'hésite pas à vous confirmer ma lettre du 9 août courant, avec la persuasion que, guidé par les sentiments de délicatesse qu'on vous connaît, vous en aurez apprécié la haute portée plutôt amicale qu'hostile.

Je n'ai qu'un but honorable dans mes généreuses instances, celui d'éviter à nos deux nobles nations un nouveau conflit meurtrier dans un avenir plus ou moins éloigné, pour l'Alsace et la Lorraine.

A la gloire de vos armées d'avoir vaincu la France, il ne serait pas moins glorieux, moins grand pour votre auguste Souverain, de faire succéder une paix sérieuse qui sauvegarde l'honneur de deux peuples voisins pouvant s'unir étroitement.

Monsieur le prince de Bismarck a pu s'ennoblir dans sa haute mission diplomatique; il ne serait pas moins glorieux pour vous, Monsieur le Général, d'ennoblir votre haute carrière militaire par une grande œuvre de conciliation qui assurerait le bonheur de nos deux nations.

J'insiste avec confiance auprès de vous, Monsieur, parce que cette haute mission de paix vous appartient d'autant plus que vous connaissez toutes les horreurs de la guerre.

Cette mission vous est facile par la haute estime dont vous jouissez dans l'esprit de votre Souverain ; vous êtes également honoré de son éminente amitié ; vous ne pouvez en faire un plus noble usage, et, par une généreuse réussite, vous porterez bien haut dans nos deux pays la gloire de votre nom, toute l'Allemagne ne désirant pas moins la paix que la France.

Espérant l'honneur de votre bienveillante réponse,

Veuillez agréer, Monsieur le Général en chef, l'assurance de la haute considération de votre respectueux serviteur,

Eug. MADARÉ,

Agent-général d'Assurances, 18, rue des Trois-Cailloux.

Dieu aidant, l'Alsace et la Lorraine reviendront un jour à notre France bien-aimée.

www.ingramcontent.com/pod-product-compliance
Lightning Source LLC
Chambersburg PA
CBHW070527050426
42451CB00013B/2888